LA POLITIQUE DES PRINCIPES

DISCOURS PRONONCÉ A SEGONZAC

LE 12 FÉVRIER 1882

PAR M.

GUSTAVE CUNEO D'ORNANO

Avocat à la Cour de Paris

DÉPUTÉ DE L'ARRONDISSEMENT DE COGNAC

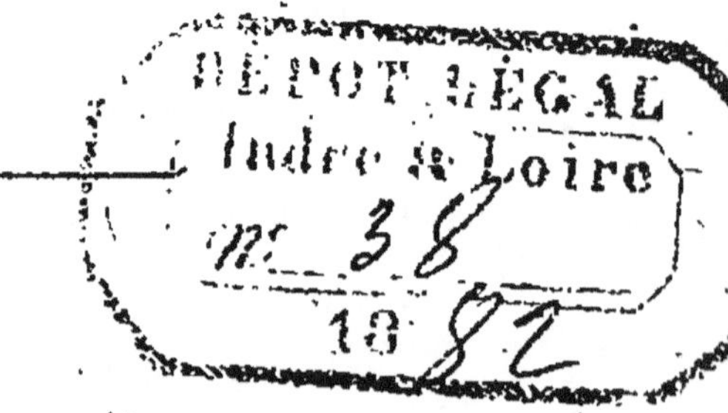

ANGOULÊME

LIBRAIRIE DU SUFFRAGE UNIVERSEL

60, rue de Beaulieu, 60.

1882

RÉUNION PUBLIQUE de SEGONZAC

Le 12 février 1882, une réunion publique avait lieu dans le Châlet de Segonzac (Charente.)

Des bonapartistes, des républicains, des royalistes, au nombre d'environ deux mille, se pressaient dans ce vaste local, envahissaient les galeries, et s'entassaient aux abords, pour entendre le député de Cognac qui devait prendre la parole.

Après avoir manifesté la fierté qu'il éprouve à représenter des populations aussi indépendantes que celles de l'arrondissement de Cognac qui, — malgré la pression hostile et cynique de l'administration, — viennent de le réélire, pour la quatrième fois en sept ans, M. d'Ornano a voulu faire connaître son sentiment sur les événements récents qui ont achevé de montrer l'instabilité et la stérilité du régime actuel dont les députés de 1871 nous ont imposé la Charte, en février 1875, sans daigner consulter le peuple.

Voici le texte que le *Suffrage universel*, journal démocratique d'Angoulême, a publié de l'improvisation du député de Cognac.

DISCOURS DE M. G. C. D'ORNANO.

MESSIEURS,

En venant de Paris pour vous dire ici mon sentiment sur les derniers événements politiques, je lisais un journal républicain, *le Rappel*, dans lequel mon spirituel collègue, M. Lockroy, député radical, terminait un de ses articles en demandant quand donc on reviendrait enfin à « LA POLITIQUE DES PRINCIPES. » (Très bien ! très bien !)

En effet, depuis trop longtemps, la politique des PRINCIPES a été remplacée par la politique dite des RÉSULTATS. Or aujourd'hui les ministères se succèdent, naissent, meurent sans avoir rien fait ; nos relations diplomatiques avec l'étranger sont soumises à de perpétuelles variations ; et la France oscille sans savoir où la mènent ces législateurs qu'elle avait chargés de faire des lois, mais non de disposer d'elle. (Applaudissements.)

Car, depuis une dizaine d'années, les députés sont vos maîtres absolus et capricieux, au point que les mêmes hommes, qui, en 1873, offraient la France au petit-fils du roi Charles X, la livrèrent, deux ans plus tard, à M. Gambetta, moyennant quelques transactions constitutionnelles auxquelles M. Gambetta, — qui avait cependant nié le pouvoir constituant des députés, — se prêta de bonne grâce, en compagnie de M. Jules Simon qui vient de nous dénoncer lui-même son complice. (Rires.)

—Eh bien, Messieurs, voulez-vous que nous constations ensemble les dernières manifestations du mal que cause incontestablement au pays cette substitution des intrigues parlementaires aux principes démocratiques? Voulez-vous que nous recherchions la trace même de ce mal dans la chute volontaire de M. Gambetta? Voulez-vous enfin que nous en trouvions le remède? (Assentiment.)

Remontons seulement au 21 août dernier, jour des élections législatives. A cette date l'opportunisme de M. Gambetta avait porté tous ses fruits... pour son inventeur. L'opportunisme consiste, vous le savez, à tout immoler, principes, programmes, traditions, au succès du moment ; c'est là politique des résultats opposée à la politique des principes. On voulait le succès avant tout ; le succès est venu, les résultats sont conquis. M. Gambetta est invité à constituer un ministère et à en prendre la direction. Le « grand » ministère se forme. C'est le couronnement de l'édifice opportuniste. (Rires.)

Mais, ô surprise ! libre et maître de montrer au monde attentif les merveilles de l'opportunisme et la fécondité de sa politique des résultats, que fait-il ? Rien ! Il étudie, il examine, il médite, il prépare, il annonce mille plans aussi merveilleux que celui du général Trochu. (Rires.) Cependant, rien ne sort des portefeuilles, après deux mois d'incubation, si ce n'est un projet de RÉVISION DES LOIS CONSTITUTIONNELLES qui tend à modifier la base électorale des deux Assemblées et à soumettre nécessairement les députés à une nouvelle investiture !!!

Eh quoi ! ces députés sont, pour la plupart, les compagnons de bataille de M. Gambetta et les complices de ses audaces ; ils ont négligé, comme lui, pour lui plaire, toutes les traditions démocratiques en matière de Constitution ; ils ont, pour le suivre dans sa politique des résultats, sacrifié tous les principes..... Et son premier souci, dès que cet important résultat est obtenu, c'est de les congédier ! (Rires et applaudissements.)

Car, vous le savez, Messieurs, LA RÉVISION DES LOIS CONSTITUTIONNELLES, telle que M. Gambetta la proposait dans ses affiches blanches que vous avez pu lire sur vos murailles, avait surtout pour objet de rétablir le scrutin de liste départemental pour l'élection des députés. Or, le jour où les députés actuels, élus au scrutin uninominal par circonscription, auraient eux-mêmes condamné ce dernier système électoral, pourraient-ils décemment conserver un mandat qui émanait du système condamné ? Évidemment non. (Assentiment.)

Ainsi, la dissolution immédiate de la Chambre des députés s'imposait à tous, sans délai. Et voilà pourquoi le projet de RÉVISION dont il s'agit signifiait que M. Gambetta ne se reconnaissait point capable de gouverner utilement en compagnie des élus du 21 août. (Très bien !)

M. Gambetta a dit à la Chambre : « Il faut qu'un de nous deux disparaisse. » La Chambre des députés a voulu rester. Et c'est M. Gambetta qui est parti.

Or, voulez-vous, à ce propos, que je vous dise toute ma pensée ? M. Gambetta n'était monté au pouvoir que contraint et forcé. Il en est tombé avec joie. (Mouvement.)

Oh ! sans doute, il a feint de tomber par force, car ses amis tenaient à conserver le pouvoir, et l'on n'est le chef d'un parti qu'en faisant les affaires de ses partisans. M. Gambetta a donc feint de lutter, mais en souhaitant sa propre défaite.

Il pouvait accepter la révision non définie que la Chambre des députés lui offrait, proposition qui laissait ouverte la discussion du scrutin de liste devant le Congrès de révision, où l'appoint des voix sénatoriales eût donné à M. Gambetta la victoire sur ce terrain. Mais en se ralliant à la révision non définie, M. Gambetta eût accepté une transaction honorable et très satisfaisante. Or, M. Gambetta ne voulait pas rester au ministère.

J'ai moi-même indiqué à plusieurs amis de M. Gambetta, notamment à M. Antonin Proust, cette transaction si facile ; mais, je le répète, M. Gambetta ne voulait pas vaincre. Il voulait tomber ; il est tombé.

C'est là un fait indéniable. Désirez-vous maintenant que nous recherchions pourquoi M. Gambetta a voulu tomber du pouvoir ? (Marques d'assentiment.)

M. Gambetta a voulu tomber du pouvoir parce que, avec LES LOIS CONSTITUTIONNELLES dont il nous a fait doter, en 1875, par une Assemblée dont il avait lui-même nié la compétence, rien de durable n'est possible, rien de fécond, rien de grand. (Très bien !)

On peut bien, il est vrai, donner cette épithète de *grand* au ministère que l'on organise et que l'on préside ; on peut bien augmenter le nombre des portefeuilles à distribuer et les dépenses auxquelles vos impôts font face ... et créer ainsi un ministère qui soit grand par le nombre de ses membres ou par les charges qu'il ajoute au budget; mais ce sont là les seuls résultats que permette cette Charte de 1875, qui est fille cependant de la politique des résultats, opposée à la politique des principes.

Il n'y a, en effet, dans la Charte de 1875, aucun point fixe, aucun délégué qui puisse être le dépositaire de la tradition gouvernementale, conserver quelque continuité à nos relations diplomatiques, maintenir quelque esprit de suite dans notre réorganisation militaire, établir enfin le contact entre les Chambres législatives qui se succèdent si rapidement, émanant seules du suffrage universel direct, gouvernant seules, et dont les cinq cents membres, préoccupés de leur situation personnelle, se groupent au hasard, se coalisent selon l'intérêt du moment, obéissent, comme toutes les foules, à des impressions fugitives, se déjugent sans responsabilité, et se trouvent aisément d'accord pour ne rien faire, jamais pour agir. (Assentiment.)

Voilà le parlementarisme, Messieurs, quand il n'a aucun contre-poids. C'est l'éparpillement des forces nationales, c'est le régime de la parlotte, des intrigues, des caquetages, du formalisme étroit, des coalitions anonymes, et du néant. (Très bien ! très bien !)

Quand le parlementarisme est appliqué à une Monarchie ou à un Empire, l'empereur ou le roi puise, dans son hérédité respectée, le prestige et la continuité qui corrigent les effets du parlementarisme ; mais, lorsque le chef de l'État n'est qu'un délégué du Parlement, et à moins que l'on ne retrouve les hommes de la Convention et leur époque, le gouvernement des Assemblées est fatalement condamné à la mobilité, à l'instabilité, à la stérilité. (Très bien !)

C'est ce que l'expérience de chaque jour vous montre, Messieurs ; c'est ce que M. Gambetta n'a certes pas été le dernier à comprendre, car l'opportunisme consiste à savoir se plier aux circonstances ; et de même que, en 1875, il faisait fi des principes démocratiques, oubliait ses déclarations du 5 avril 1870, et bâclait *de bric et de broc* une Constitution quelconque dont il se contentait, pourvu qu'elle légitimât la République, de même aujourd'hui il sent que la politique des résultats, qui était peut-être utile pour monter à l'assaut du pouvoir, n'est plus praticable lorsqu'il s'agit de gouverner. (Applaudissements.)

Et c'est pourquoi, — ce sentiment s'imposant à tous les bons esprits, — je ne m'étonne plus de lire, dans cette presse républicaine qui s'était tant moquée des principes et des programmes, un article comme celui dont je vous parlais en commençant, et dans lequel un député de la gauche radicale, M. Lockroy, — daignant enfin considérer que la grande révolution française a proclamé jadis quelques vérités constitutionnelles dont on pourrait tenir compte, — écrit lui-même ces trois mots : POLITIQUE DES PRINCIPES qui, en 1875, eussent paru d'un gêneur. (Rires et applaudissements.)

Là est le remède, Messieurs ; et si M. Lockroy parvenait à transformer son vœu timide en une réalité pratique, s'il s'inspirait de la Révolution française pour infuser un sang démocratique à cette Charte orléaniste de 1875 dans les méandres de laquelle le fleuve populaire devient un marais stagnant et vaseux, certes M. Lockroy mériterait bien de la démocratie, dont nous n'avons jamais, nous, oublié les enseignements ni les dogmes. (Très bien !)

Oui, oui, Messieurs, — et je me félicite d'être d'accord sur ce point avec des républicains très sincères, — le remède à l'instabilité présente, à ce piétinement sur place qui nous ruine, à cette impuissance fatale des Assemblées qui veulent tout trancher à elles seules, et faire même commerce de cette souveraineté nationale dont elles n'ont que la garde, le remède est dans un retour aux principes de la Révolution française, qui a été notre émancipatrice en 1789 et qui sera notre sublime inspiratrice, au moment où nous approchons de son centenaire. (Bravos.)

Or, Messieurs, quels sont les principes de gouvernement que la Révolution française nous enseigne ?

Dans la première séance de la Convention, le 21 septembre 1792, Danton disait : « Il ne peut » exister de Constitution que celle qui sera » textuellement et nominativement acceptée » par la majorité du peuple. »

Et, à la suite de ce discours, qui fut la préface de la première République, la Convention nationale, à l'unanimité, décida « QU'IL NE PEUT » Y AVOIR DE CONSTITUTION QUE LORSQU'ELLE » EST ACCEPTÉE PAR LE PEUPLE. »

Et, plus tard, Camille Desmoulins, — ce jeune précurseur qui avait été le héraut d'armes du mouvement de 1789, — ajoutait : « Lorsque

» nous avons décrété qu'il n'y aurait point de
» loi constitutionnelle sans la sanction du
» peuple, nous n'avons fait que proclamer so-
» lennellement une loi immuable, universelle,
» aussi ancienne que le genre humain. »

Aussi bien, les Constitutions de la première république et celles du premier Empire furent soumises au vote du peuple.

En 1815, les Bourbons reviennent et nous ramènent au droit divin; la monarchie de Louis-Philippe en 1830 inaugure un système hybride où LE ROI RÈGNE ET NE GOUVERNE PAS, un roi élu, comme aujourd'hui le président de la république, par quelques députés, dans une nation de huit millions de citoyens majeurs !!! Puis ces deux essais de retour en arrière avortent, et la seconde république, en 1848, vient rendre au suffrage universel ses droits usurpés. (Très-bien !)

Déjà, sous le règne censitaire de Louis-Philippe, bien des démocrates avaient, d'ailleurs, interrompu la prescription des droits populaires.

D'une part, Louis-Napoléon Bonaparte avait tenu, du fond de sa prison de Ham, ce patriotique langage : « Je n'ai jamais cru, je ne croi-
» rai jamais que la France soit l'apanage d'un
» homme ou d'une famille; je n'ai jamais reven-
» diqué d'autres droits que ceux de citoyen fran-

» çais et je n'aurai jamais d'autre désir que
» celui de voir le peuple entier, réuni dans ses
» comices, choisir en toute liberté la forme de
» gouvernement qui lui convient. »

D'autre part, Ledru-Rollin, dans la discussion du projet de loi sur la régence, le 18 août 1842, terminait un admirable discours par cette réplique à ceux qui prétendaient que la nécessité peut autoriser les députés à faire une Constitution sans consulter le peuple : « La nécessité !
» elle était effrayante, celle qui pesait sur la
» Chambre de 1815. Que déclaraient cependant
» les représentants d'alors, parmi lesquels je
» trouve les noms honorables des Laffitte et des
» Dupont de l'Eure? Ils déclaraient que la Cons-
» titution qu'ils votaient ne vaudrait qu'autant
» qu'elle serait soumise aux suffrages du peu-
» ple français... N'existait-elle pas enfin, péril-
» leuse et menaçante, la nécessité, le lende-
» main du 31 mai, quand nos armées étaient
» repoussées au Nord, sur le Rhin, aux Pyré-
» nées, quand la guerre civile sévissait plus que
» jamais dans les champs de la Vendée? Et
» cependant la Convention n'en décrétait pas
» moins que la Constitution n'aurait d'autorité
» qu'après qu'elle aurait été votée et acceptée
» par le peuple. C'est que la Convention, cette
» puissante et énergique Assemblée, était diri-

» gée par les grandes lois de la politique. »

Voilà ce que disait Ledru-Rollin après Danton, et M. Gambetta ne parlait pas autrement, le 5 avril 1870, au Corps législatif, lorsqu'il s'écriait : « Je dis que le plébiscite est une sanc-
» tion désormais nécessaire, dans les sociétés
» qui reposent sur le droit démocratique, pour
» donner au pouvoir la sanction que les ancien-
» nes monarchies trouvaient dans le droit
» divin. »

Est-ce clair ? (Applaudissements.) Et vous applaudissez naturellement M. Gambetta quand il parle ainsi, car si nous repoussons sa politique et sa personne, c'est parce qu'il oublie encore tous ces grands principes dont il s'était fait l'éloquent champion, au temps où ses convictions dominaient ses intérêts du moment. (Très bien !)

Ces principes, messieurs, l'opportunisme a fini par les voiler. La nation s'est endormie sous l'harmonie des périodes oratoires avec lesquelles M. Gambetta la berçait, tandis qu'il vendait au duc de Broglie, en 1875, les droits du suffrage universel, pour un peu plus qu'un plat de lentilles (Rires), et nous jetait ainsi dans cet inextricable fouillis d'intrigues parlementaires, de coalitions intéressées, de tripotages et de marchandages qui rendent impossible, —

à M. Gambetta lui-même, comme à ses rivaux, — tout gouvernement durable et toute autorité féconde. (Très bien !)

Si au moins, à défaut de cette adhésion nationale d'un peuple autour d'une Constitution qui lui aurait été directement soumise, la Constitution avait permis au peuple d'établir lui-même un point fixe au milieu de l'instabilité de tout le reste, peut-être le pouvoir aurait-il quelque force et quelque durée. Eh bien, non ! les députés qui, en 1875, ont disposé de nous, tenaient surtout à restreindre les droits du suffrage universel, et ils ont décidé que le président de la république serait élu, non pas directement par le suffrage universel, mais par un collège bariolé de sénateurs inamovibles et de députés d'arrondissement qui choisissent entre eux le chef de l'État, en cachette, à la hâte, comme des voleurs qui ont dépouillé un voyageur se partagent le commun butin.

Et ce président de république RÈGNE ET NE GOUVERNE . PAS. Élu par quelques députés, comme Louis-Philippe, il est irresponsable comme Louis-Philippe. Il reçoit une grasse dotation, achète des châteaux sur ses économies (Rires), signe ce que les ministres lui portent à signer, donne à dîner aux ambassadeurs (Nouveaux rires), mais il n'a aucune attribution. Il est là pour occuper la place vide de l'Empereur ou du Roi. C'est un personnage muet. Assurément, je ne veux en rien diminuer le respect que chacun professe et que je professe envers mon ancien bâtonnier, l'illustre M. Grévy. Ce n'est pas la personne que j'examine, c'est la fonction que je critique ; je dis que l'irresponsabilité de ce président, élu par ses collègues du Parlement, au lieu d'être élu par le peuple, contribue à cette déplorable instabilité dont toutes les affaires se ressentent. (Très bien !)

Croyez-vous, cependant, que les députés républicains consentent enfin à vous rendre le droit d'élire vous-mêmes le président de la république ? Non, certes ! Et pourquoi ? Parce qu'un président élu par le peuple est porté à faire des coups d'État ! (Rires.)

Comme si les coups d'État réussissaient quand le peuple ne le veut pas ! Un historien républicain, M. Mignet, déclare que le 18 Brumaire eut une immense popularité. Bonaparte n'avait donc fait que céder à la pression d'un peuple qui ne voyait plus de salut qu'en lui. Et quand Bonaparte fit ce coup d'État était-il déjà élu par le peuple ? Nullement.

Il est vrai que Napoléon III avait été élu par le peuple à la présidence de la république lorsqu'il fit le coup d'État du 2 décembre 1851. Mais si l'Assemblée d'alors ne s'était pas réduite elle-même au dernier degré de l'impopularité, le Prince-Président n'eût rien tenté ; sa tentative, d'ailleurs, n'eût pas réussi. Au surplus, la révision constitutionnelle eût évité tout recours à la force et donné pacifiquement à la nation le dernier mot. Ainsi le mode électoral du chef de l'État n'est absolument pour rien en cette affaire.

En réalité, les coups d'État sont rendus inévitables et populaires par les Assemblées qui veulent substituer leurs chinoiseries, leurs coalitions, leur formalisme, leur instabilité et leur fourmillière au point fixe dont une nation a besoin pour la continuité des entreprises d'ordre général, pour ses relations avec les autres peuples, pour la stabilité même du gouvernement. (Très bien !)

Est-ce à dire que, tout au moins, l'élection directe du chef de l'État par le peuple puisse ou doive créer un dictateur et mettre à ses pieds le Parlement ? Certes, l'histoire contemporaine nous répond encore formellement sur ce point. Le Parlement est le gardien du budget ; or, même pendant la période la moins libérale du second Empire, les députés tenaient les cordons de la bourse, et, tout en restant dans leur sphère, ils pouvaient ou ils eussent pu opposer à un chef

d'État trop absolu une infranchissable barrière.
(C'est vrai !)

C'est là une suprême garantie que les Parlements doivent conserver. C'est le correctif nécessaire de tout régime démocratique où le chef de l'État est élu par le peuple. Mais je dis et je répète que, avec ces garanties et ces correctifs, l'élection du président de la république par le suffrage universel, par la nation elle-même, est la condition première, essentielle, caractéristique de tout gouvernement qui s'inspire des principes de la démocratie. (Applaudissements.)

Et maintenant, je m'adresse à mes adversaires républicains, ou à mes adversaires royalistes, et je leur demande, — avec le respect que mérite toute opinion sincère, — pourquoi ils refusent d'appliquer enfin à notre gouvernement ce principe essentiel, dans l'application duquel Danton est continué par Bonaparte, Ledru-Rollin par Napoléon III, et M. Gambetta par le chef actuel du parti bonapartiste ?

Républicains, c'est nous qui tenons en mains votre véritable drapeau, le drapeau de l'appel au peuple, que vous avez abandonné pour négocier, en 1875, un marché déshonorant. (Applaudissements).

Royalistes, votre principe c'est l'hérédité bourbonnienne, mais déjà un Bourbon de la branche cadette a incliné cet héritage devant 221 députés. Ne vaut-il pas mieux l'incliner devant la nation entière ? Vos orateurs de 1848, MM. de Montalembert et de Genoude, se sont ralliés à l'Appel au peuple. Pourquoi ne dépouillez-vous pas les vieilles modes ? Nos aïeux portaient un costume qui n'est plus de saison. Les idées politiques se renouvellent. Le peuple est souverain ; mettez-vous en marche avec lui. (Très bien !)

Je sais qu'il en est qui disent que le suffrage universel est une absurde invention. Pourquoi autour de l'urne électorale le pauvre est-il l'égal du riche, l'ignorant du savant ? Voilà ce que quelques-uns murmurent. Oh ! je supplie mes amis de repousser ce raisonnement avec horreur, (très bien !) car, si l'on retirait au pauvre le droit de voter, on lui donnerait le droit de rétablir l'égalité à coups de fusil. Le pauvre n'est-il pas assez malheureux d'être pauvre ? (Applaudissements.) Et cette inégalité ne suffit-elle pas ? Parle-t-on contre l'égalité quand il s'agit de mourir pour la patrie, à la frontière ? (Bravos et applaudissements.)

Non, mes amis, ne vous laissez point prendre au raisonnement de ceux qui accusent de tous nos maux l'égalité civique, et qui voudraient rétablir les catégories entre citoyens. Ce sont des fous, ceux qui parlent ainsi. Vous feriez plutôt remonter un fleuve vers sa source. On n'ôte pas le suffrage universel à un peuple qui en a joui. (Très bien.)

Au contraire, j'engage mes amis à continuer à marcher en tête de l'opinion. Que les bonapartistes soient toujours de meilleurs et de plus sincères démocrates que les républicains. N'est-ce pas à cela que tendent mes constants efforts, depuis que vous m'avez choisi pour vous représenter au Parlement? J'ai toujours été le champion résolu du suffrage universel et de la Révolution française. Abandonnerions-nous notre drapeau plébiscitaire, au moment où les républicains eux-mêmes comprennent que le salut est sous ses plis? (Applaudissements.)

Oui, messieurs, tous les patriotes doivent enfin comprendre qu'il n'y a de gouvernement durable et fécond que celui dont le peuple a scellé lui-même, de ses fortes mains, les assises définitives. Tout ce que les députés feront, entre eux, au point de vue constitutionnel, — sans la collaboration de ce grand ouvrier : le peuple, — sera bâti dans le sable mouvant des coalitions parlementaires, par conséquent fragile et nul. (Nouveaux applaudissements.)

Quant à moi, vous le savez, je crois que l'Empire napoléonien est le régime qui conviendrait le mieux à notre nation égalitaire ; mais c'est une préférence personnelle dont je ne vous parle pas aujourd'hui, car aujourd'hui je ne parle que des principes et non des sentiments, et je suis heureux de pouvoir demeurer sur un terrain où tous les patriotes, tous les démocrates doivent et vont nécessairement se rencontrer. (Très bien.)

Sur ce terrain de la souveraineté nationale, il n'y aura, selon la belle parole de notre Prince Impérial, « ni vainqueurs ni vaincus. » Grâce au plébiscite, on verra se substituer à nos divisions, à nos rivalités, à nos discordes, « un » grand parti national, s'élevant au-dessus de » tous, pour les réconcilier. »

C'est ce que réclame l'héritier actuel des Napoléons, ce Prince démocrate que le plébiscite du 8 mai 1870 a donné pour chef aux bonapartistes: C'est ce que proposait M. Gambetta, le 5 avril 1870, lorsqu'il reconnaissait que le plébiscite est la sanction désormais indispensable à tout gouvernement. C'est ce que MM. de Montalembert et de Genoude indiquaient dès 1848, comme le suprême remède. C'est ce que l'instabilité gouvernementale actuelle appelle nécessairement ; c'est ce que la chute volontaire de M. Gambetta, en présence d'une impossibilité absolue de gouverner, rend de plus en plus évident, C'est à cette solution, à cette délivrance, que les événements, plus logiques et moins opportunistes que les hommes, nous conduisent avec une inflexible rigueur (Bravos).

Ouvriers, qui gagnez avec tant d'efforts le modeste salaire et qui courez d'atelier en atelier sans toujours trouver l'emploi de votre intelligence et de vos bras; cultivateurs, penchés sur le sillon, qui cherchez à arracher du sein de la terre un bénéfice bien maigre et bien laborieux; travailleurs de toutes les conditions et de tous les rangs, qui souffrez de ces brusques révolutions de l'épargne et qui scrutez d'un œil inquiet l'horizon politique d'un pays soumis aux fluctuations incessantes des majorités parlementaires; diplomates, qui voyez changer, tous les trois mois, la politique dont vous êtes les représentants devant l'étranger et souffrez de cette instabilité qui prive de toute alliance sûre ou de toute entreprise durable notre France livrée aux hasards d'un scrutin législatif ou d'une coalition éphémère; soldats, qui voyez se succéder des réformes contradictoires, chaque ministre qui passe défaisant ce que le prédécesseur a fait, ou qui souffrez en Tunisie pour le succès d'une spéculation ténébreuse, issue d'un vote de surprise; patriotes de tous les partis, comprenez enfin que le remède est dans une consultation directe de la nation, à laquelle les députés doivent rendre l'exercice de cette souveraineté dont ils ne devraient être que les protecteurs et les gardiens. (Très bien !)

Tous ceux qui désormais s'opposeront à cette consultation directe sont évidemment les ennemis du peuple. (Assentiment). Tous les hommes qui retarderont cette solution libératrice sont les auteurs des maux dont vous souffrez. (Oui ! oui !) La solution est inévitable, mais les ennemis du peuple peuvent l'entraver, la retarder, pour continuer quelques heureux tripotages, ou pour garder quelque emploi lucratif. C'est au peuple à reprendre l'exercice de sa souveraineté, et à se délivrer lui-même. (Applaudissements.)

Un dernier mot, messieurs. Nous approchons du centenaire de 1789. Le moment n'est-il pas bien choisi pour nous demander ce que nos aïeux de cette grande époque diraient de nous s'ils voyaient dans quelles chinoiseries constitutionnelles nous sommes encore à nous débattre ? Nos pères ont tant lutté pour nous laisser, à nous tous, citoyens de toute condition et de tout rang, le droit de choisir nous-mêmes notre gouvernement ; ils ont livré bataille à l'Europe jalouse, pour nous assurer cette conquête civique ; et voilà où nous en sommes, héritiers dégénérés, livrant aveuglément à quelques centaines de députés, ou laissant usurper par eux, le droit que nous devions exercer nous-mêmes ! (Nouveaux applaudissements.)

Ah ! si la plume de Camille Desmoulins était là pour apprécier cette Charte burlesque du 25 février 1875 ! Si la grande voix de Danton pouvait encore répliquer aux théories constitutionnelles des partisans d'une révision étroite et limitée ! Si Ledru-Rollin entendait les républicains d'aujourd'hui déclarant que l'élection des députés suffit au peuple et qu'on ne doit lui reconnaître aucun droit de choisir la Constitution qui lui convient ! Si le Gambetta du 5 avril 1870 renaissait et lisait le dernier discours du Gambetta d'aujourd'hui essayant, sans conviction, de défendre la théorie des deux Chambres, d'un président irresponsable et d'une Charte imposée au peuple par une Assemblée incompétente, (Très bien ! très bien !) théorie orléaniste dont il vient de constater l'impuissance, puisqu'il a préféré se démettre plutôt que de s'y soumettre ! (Rires et Bravos.)

Allons, messieurs, sortons de l'opportunisme et du parlementarisme ; reprenons hautement la tradition brisée ! Préparons-nous au prochain centenaire de 1789, en relevant les principes trahis ! Napoléoniens, nous serons ainsi fidèles à ces doctrines napoléoniennes que je n'avais pas besoin de rappeler ici, et qui ne sont que la mise en pratique des principes de 1789. Républicains, vous retournerez aux sources mêmes de votre foi politique, et vous montrerez que vos traditions démocratiques n'ont pas en vous des renégats. Royalistes, vous n'inclinerez votre drapeau blanc que devant notre mère commune, la patrie. Français et citoyens, c'est la France elle-même qui nous réconciliera tous. (Bravos et applaudissements.)

Voilà ce que je puis vous annoncer, messieurs, avec la même certitude qui inspirait mes paroles, l'an dernier, lorsque je vous indiquais, du haut de la tribune parlementaire, les origines suspectes et les conséquences fatales de l'invasion de la Tunisie. (C'est vrai ! acclamations.)

Les récents événements politiques, dont je viens de vous montrer la cause et les effets, achèvent de déchirer tous les voiles, pour hâter enfin la solution nécessaire, c'est-à-dire le retour aux principes démocratiques de notre grande Révolution. (Applaudissements.) Là est le salut, car là est le droit ! (Nouvelles acclamations et triple salve d'applaudissements.)

Ce discours prononcé, en réunion publique, devant un auditoire d'environ deux mille hommes appartenant à des opinions diverses, n'a soulevé que d'unanimes applaudissements.

Si, dans chacun de nos départements, la même thèse démocratique était publiquement exposée, le peuple finirait bien par comprendre qu'il doit obliger tous les candidats et tous les élus à lui restituer le droit d'élire lui-même directement le président de la République.

Tout est là.

Laissant actuellement de côté toutes les récriminations rétrospectives, toutes les vieilles catégories de groupe et de parti, (car les républicains sont divisés entre eux, les royalistes sont divisés entre eux,) tâchons de ne connaître que deux opinions :

D'une part, l'opinion qui veut que le peuple choisisse lui-même le chef de l'État.

D'autre part, l'opinion qui consiste à

préférer que les sénateurs et les députés fassent, entre eux, commerce de ce choix.

Le jour où, dans chaque département, il se lèvera des hommes de cœur qui, à propos de toute élection, poseront publiquement cette question à tout candidat, et l'obligeront, non pas à promettre des bureaux de tabac ou quelque place au ratelier du budget, mais à se prononcer catégoriquement entre l'une ou l'autre de ces deux opinions, ce jour-là le peuple se décidera à se sauver lui-même et à reconquérir cette souveraineté dont les sénateurs et les députés lui ont escamoté l'exercice.

Vox populi, vox Dei ; la voix du peuple, c'est la voix de Dieu.

*N. B. La présente brochure de propa-
gande est en vente au bureau du journal
Le Suffrage universel, rue de Beaulieu, à
Angoulème.*

Un exemplaire. . . » fr. 15 c.
Douze — . . 1 fr. 50
Cent — . . 10 fr. »»

(Le tout expédié franco d'Angoulème)

Tours. — Imp. Mazereau.

www.ingramcontent.com/pod-product-compliance
Lightning Source LLC
Chambersburg PA
CBHW051351060726
47596CB00005B/1872